DEN BÄSTA APERITIF BOKEN EFTER SKIDÅKNING

100 mysiga drycker för att värma upp vintern

Sven Eriksson

Copyright Material ©2023

Alla rättigheter förbehållna

Ingen del av denna bok får användas eller överföras i någon form eller på något sätt utan korrekt skriftligt medgivande från utgivaren och upphovsrättsinnehavaren, förutom korta citat som används i en recension . Den här boken bör inte betraktas som en ersättning för medicinsk, juridisk eller annan professionell rådgivning.

INNEHÅLLSFÖRTECKNING _

INNEHÅLLSFÖRTECKNING 3
INTRODUKTION 6
VINTERCOCKTAILS 7
   1. Rumsarla 8
   2. Cock-a-doodle doo 10
   3. Lila röd stad 12
   4. Peach f I zz 14
   5. Fryst mint julep 16
   6. Madeira mintflip 18
   7. Kan blomma brus 20
   8. Jordgubbsbubbel cocktail 22
   9. Champagne blues 24
   10. Kaffe flip 26
   11. Branded flip 28
   12. Ambassadörens morgonlift 30
HETA TODDIES 32
   13. Belgisk Hot Toddy 33
   14. Chai Hot Toddy 35
   15. Cheesy Hot Toddy 37
   16. Peach Hot Toddy 39
   17. Elderberry Hot Toddy Elixir 41
   18. Heather Honey Hot Toddy 43
MULLED DRYCK 45
   19. Glögg rosmarinvin & svart te 46
   20. Glögg 48
   21. Mulled Ale med kryddor och konjak 50
VARM CHOKLAD 52
   22. Kardemumma och roskryddad varm choklad 53
   23. Mexikansk-inspirerad kryddad varm choklad 55
   24. Pepparkakor kryddad varm choklad 57
   25. Chai kryddad varm choklad 59
   26. Peta varm choklad 61
   27. Red Velvet Hot Chocolate 63
   28. Ostig varm choklad 65
   29. Getost och honung varm choklad 67
   30. Blå ost Varm choklad 69
   31. Parmesan och havssalt varm choklad 71
   32. Pepper Jack och Cayenne varm choklad 73
   33. T oblerone varm choklad 75
   34. Ferrero Rocher varm choklad 77

35. Honeycomb Candy Hot Chocolate 79
36. Lönn varm choklad 81
37. Rose varm choklad 83
38. Orange Blossom varm choklad 85
39. Fläderblomma varm choklad 87
40. Hibiskus varm choklad 89
41. Lavendel varm choklad 91
42. Mörk Matcha varm choklad 93
43. Mint varm choklad 95
44. Rosmarin varm choklad 97
45. Basilika varm choklad 99
46. Salvia varm choklad 101
47. Gingerbread Hot Chocolat e 103
48. Pudsey björnkex Varm choklad 105
49. Brownie varm choklad 107
50. Açaí varm choklad 109
51. Schwarzwald varm choklad 111
52. Jordgubbs varm choklad 113
53. Apelsin varm choklad 115
54. Hallon varm choklad 117
55. Banan varm choklad 119
56. Kokos varm choklad 121
57. Nutella varm choklad 123
58. PB&J-inspirerad varm choklad 125
59. Jordnötssmör Banan varm choklad 127
60. Serendipitys frysta varm choklad 129
61. Amaretto varm choklad 131
62. Vininfunderad varm choklad 133
63. Piggad pepparmynta varm choklad 135
64. Baileys Irish Cream Hot Chocolate 137
65. RumChata kryddad varm choklad 139
66. Kryddad apelsin varm choklad 141
67. Kryddig aztekisk varm choklad med tequila 143

KAFFE 145

68. Espressoshot 146
69. Dropp kaffe 149
70. Café Au Lait 151
71. Klassisk amerikansk 153
72. Macchiato 155
73. Mocka 157
74. Mexikanskt kryddat kaffe 159
75. Hong Kong Yuanyang 161
76. Spanska Cortado 163
77. Italienska Granita Al Caffe 165

78. Vietnamesiskt äggkaffe 167
79. Svenskt äggkaffe 169
80. Turkiskt kaffe 171
81. Kanel Vanilj Latte 173
82. Äggnog kaffe 175
83. Cinnamon och pumpa Kryddkaffe 177
84. Timmerstuga Latte 179
85. Rostad Marshmallow Cafe Mocha 181
86. Minty Mocha Mocktail 183
87. Coconut Coffee Cooler 185
88. Orange Spice Coffee 187
89. Caramel Macchiato Mocktail 189
90. Iced mandel kaffe 191
91. Iced Maple Coffee 193
92. Iced Mochaccino 195
93. Iskaffe Bitters 197

ÖRTINFUSIONER OCH TE 199
94. Hibiskus-äpple te 200
95. Marockanskt myntate 202
96. Rose Mjölk Te 204
97. Anis honungste _ 206
98. Pepparmynta iste 208
99. Kamomill iste 210
100. Mynta och lavendel te 212

SLUTSATS 214

INTRODUKTION

När vintern täcker världen i ett orördt lager av snö, väntar ivriga skidåkare och snöentusiaster ivrigt på spänningen med att åka i backen. Men för många sträcker sig vintersportens sanna magi bortom de spännande löpningarna och adrenalinfyllda nedfarterna – det är afterskis förtrollande värld. Den mysiga atmosfären i en bergslodge, den sprakande eldstaden och det glada kamratskapet mellan vänner och skidåkare skapar den perfekta miljön för ett firande efter skidåkningen.

I hjärtat av detta vinterunderland presenterar vi "DEN BÄSTA APERITIF BOKEN EFTER SKIDÅKNING", en förtjusande samling av 100 mysiga drinkar noggrant sammanställda för att värma din själ efter en dag av snöiga äventyr. Oavsett om du har erövrat utmanande svarta diamantspår eller tillbringat din dag med att glida graciöst nerför mjuka backar, är våra recept utformade för att lyfta din afterski-upplevelse till nya höjder.

Låt oss ge oss ut på en resa genom sidorna i denna kokbok, där varje recept är ett bevis på den rika gobelängen av smaker som vintern har att erbjuda. Från klassisk varm choklad som väcker barndomsminnen till innovativa hopkok som blandar säsongens ingredienser med en touch av sofistikering, dessa drycker är mer än bara drycker – de är en integrerad del av afterski-ritualen.

Så samla dig runt elden, svep in dig i en mysig filt och låt värmen från dessa drycker tina bort vinterkylan. "DEN BÄSTA APERITIF BOKEN EFTER SKIDÅKNING" är din följeslagare till att skapa oförglömliga stunder, oavsett om du är värd för en post-ski-samling, njuter av en lugn kväll vid brasan eller bara njuter av vinterglädjen inomhus.

VINTERCOCKTAILS

1.Rumsarla

INGREDIENSER:
- 3/4 uns torr Marsala
- Domaine de Canton Ginger Liqueur
- 30 ml ungt kokosvatten
- 45 ml kryddad rom
- 250 gram mörk rom

INSTRUKTIONER:
a) Fyll cocktailshakern med is.
b) Tillsätt alla ingredienser.
c) Vispa.
d) Sila ner i ett glas

2.Cock-a-doodle doo

INGREDIENSER:
- 1 1/4 uns 151-säker rom
- 1/2 uns crème de noyaux
- 6 uns passionsjuice
- Skvätt granatäpplejuice
- Apelsinskivor

INSTRUKTIONER:
a) Bygg i ett Collins glas med is.
b) Njut av!

3.Lila röd stad

INGREDIENSER:
- Stänk hallonlikör
- 3 uns vodka
- 1 uns färsk rödbetsjuice
- 1 uns amaro
- 1 tsk kryddpeppar dram
- Chambord

INSTRUKTIONER:
a) Fyll cocktailshakern med is.
b) Tillsätt alla ingredienser
c) Skaka.
d) Sila ner i ett glas.

4. Peach fizz

INGREDIENSER:
- 3 mogna persikor
- 6 uns rosa lemonad
- 6 uns vodka
- Isbitar för att fylla mixer

INSTRUKTIONER:
a) Lägg persikor, rosa lemonad, vodka och is i en mixer.
b) Mixa tills isen är krossad .
c) Ställ i frysen i fyra timmar.
d) Häll upp i highball-glas.

5.Fryst mint julep

INGREDIENSER:
- 2 uns bourbon
- 1 uns citronsaft
- 1 uns sockersirap
- 6 myntablad
- 6 uns krossad is

INSTRUKTIONER:
a) Blanda bourbon, citronsaft, sockersirap och myntablad i ett glas.
b) Häll blandningen och isen i en mixer.
c) Mixa i hög hastighet i 15 eller 20 sekunder.
d) Häll upp i ett kylt highballglas.
e) Garnera med en myntakvist.

6.Madeira mintflip

INGREDIENSER:
- 1 1/2 uns Madeira
- 1 uns chokladmintlikör
- 1 litet ägg
- 1 tsk socker

INSTRUKTIONER:
a) Fyll cocktailshakern med is.
b) Tillsätt Madeira, likör, ägg och socker.
c) Skaka.
d) Sila upp i ett kylt Delmonico-glas.
e) Pudra med muskotnöt.

7. Kan blomma brus

INGREDIENSER:
- 1 tsk grenadin
- 1/2 uns citronsaft
- 1 uns club soda
- 2 uns Punsch

INSTRUKTIONER:
a) Fyll cocktailshakern med is.
b) Tillsätt grenadin, citronsaft, club soda och Punsch .
c) Skaka.
d) Sila ner i ett gammaldags glas.
e) Toppa med läsk.

8.Jordgubbsbubbel cocktail

INGREDIENSER:
- 1 kopp skalade jordgubbar - färska eller frysta
- ½ uns (1 matsked) färskpressad citronsaft
- flaska (750 ml) Brut champagne
- 10 oz vatten

INSTRUKTIONER:
a) Lägg jordgubbarna, citronsaften och vattnet i en mixer eller matberedare. Puré tills den är slät.
b) Skeda 1 till 2 matskedar av purén i botten av en champagneflöjt och toppa med champagne. Rör om mycket försiktigt med en lång sked
c) Smutta iväg!

9. Champagne blues

INGREDIENSER:
- 1/5 blå curacao
- 8 uns citronsaft
- 4/5 torr champagne
- Skal av två citroner

INSTRUKTIONER:
a) Kyl alla ingredienser.
b) Häll curacao och citronsaft i en punchskål (utan is).
c) Vispa.
d) Tillsätt champagne.
e) Rör om försiktigt.
f) Flyt citronskal i skålen.

10.Kaffe flip

INGREDIENSER:
- 1 uns konjak
- 1 uns tawny portvin
- 1 litet ägg
- 1 tsk socker

INSTRUKTIONER:
a) Fyll cocktailshakern med is.
b) Tillsätt konjak, portvin, ägg och socker.
c) Skaka.
d) Sila upp i ett kylt delmonicoglas .
e) Pudra med muskotnöt.

11. Branded flip

INGREDIENSER:
- 1 uns konjak
- 1 uns konjak med aprikossmak
- 1 litet ägg
- 1 tsk socker

INSTRUKTIONER:
a) Fyll cocktailshakern med is.
b) Tillsätt konjak, ägg och socker.
c) Skaka.
d) Sila upp i ett kylt Delmonico-glas.
e) Pudra med muskotnöt.

12. Ambassadörens morgonlift

INGREDIENSER:
- 32 uns beredd mejeri äggnog
- 6 uns konjak
- 3 uns jamaicansk rom
- 3 uns crème de cacao

INSTRUKTIONER:
a) Häll alla ingredienser i en bunke.
b) Vispa.
c) Pudra varje portion med muskotnöt.

HETA TODDIES

13. Belgisk Hot Toddy

INGREDIENSER:
- 1 kopp varmt vatten
- 2 uns belgisk whisky eller genever
- 1 matsked honung
- 1 citronskiva
- Kryddnejlika (valfritt)

INSTRUKTIONER:
a) I en mugg, kombinera varmt vatten, belgisk whisky eller genever och honung.
b) Lägg till en citronskiva i blandningen.
c) Om så önskas, fyll citronskivan med kryddnejlika.
d) Rör om ordentligt och låt dra i några minuter innan servering.

14. Chai Hot Toddy

INGREDIENSER:
- 3 koppar vatten
- 1 kanelstång
- 6 hela nejlikor
- 6 kardemummaskidor, lätt krossade
- 2 chai tepåsar
- ¼ kopp kryddad rom eller bourbon
- 2 matskedar honung
- 1 msk färskpressad citronsaft eller 2 citronklyftor

INSTRUKTIONER:
a) I en medelstor kastrull, kombinera vatten, kanelstänger, kryddnejlika och lätt krossade kardemummaskidor. Om du har en teinfuser kan du lägga kryddorna i den för att undvika att det blir ansträngande senare. Låt blandningen koka upp.
b) Ta kastrullen från värmen och tillsätt chai-tepåsarna. Täck över och låt dem dra i 15 minuter. Sila sedan blandningen genom en finmaskig sil för att ta bort tepåsarna och kryddorna.
c) Häll tillbaka det kryddade teet i pannan och värm tills det är varmt.
d) Rör ner kryddad rom (eller bourbon), honung och citronsaft om du föredrar det. Blanda väl.
e) Fördela den varma toddyn mellan två värmda muggar och servera genast. Alternativt, servera varje mugg med en citronklyfta för att pressa i juice efter smak. Njut av!

15. Cheesy Hot Toddy

INGREDIENSER:
- 1 kopp varmt vatten
- ½ uns citronsaft
- 1 msk honung
- 1 kanelstång
- 1-ounce riven amerikansk ost

INSTRUKTIONER:

a) I en mugg, kombinera det varma vattnet, citronsaft, honung och kanelstång. Rör om för att kombinera.

b) Tillsätt den rivna amerikanska osten och rör om tills den smält och blandas.

c) Ta bort kanelstången och servera.

16.Peach Hot Toddy

INGREDIENSER:
- 40 oz (1 flaska) Dole Pure & Light Orchard Peach Juice
- 1/4 c farinsocker (förpackat)
- 2 kanelstänger
- 2 msk smör/margarin
- 1/2 c persikosnaps (valfritt)
- Ytterligare kanelstänger som garnering.

INSTRUKTIONER:

a) Kombinera juice, farinsocker, kanelstänger och smör/margarin i en holländsk ugn eller täckt kastrull och värm till en kokning.

b) Ta av från värmen och släng kanelstängerna, tillsätt snapsen, (om så önskas) garnera med en persikoskiva och kanelstång och servera.

17. Elderberry Hot Toddy Elixir

INGREDIENSER:
- 2 koppar irländsk whisky
- ½ kopp torkade fläder
- 2-tums knopp färsk ingefära, tunt skivad
- 1- till 3-tums kanelstång, trasig
- 6 till 8 hela nejlikor
- ½ kopp honung

INSTRUKTIONER:
a)   Kombinera whisky, fläder, ingefära, kanel och kryddnejlika i en medelstor kastrull.
b)   Sjud i 1 timme på låg värme, rör om då och då. Koka inte.
c)   Ta av från värmen efter 1 timme. Täck över och låt stå i 1 timme.
d)   Medan whiskyblandningen fortfarande är varm, häll genom en finmaskig sil i en masonburk. Kasta bort örterna och kryddorna.
e)   Rengör kastrullen och lägg tillbaka whiskyn i kastrullen.
f)   Tillsätt honungen i den varma whiskyn och rör om försiktigt tills den är väl införlivad.
g)   När det svalnat helt, häll ner i masonburken eller en fin likörflaska och förvara i skafferiet i rumstemperatur.

18.Heather Honey Hot Toddy

INGREDIENSER:
- 2 oz skotsk whisky
- 1 msk ljunghonung
- Varmt vatten
- Citronklyfta
- Kryddnejlika (valfritt)

INSTRUKTIONER:

a) Mät upp 2 uns av din favorit skotsk whisky i en mugg.

b) Tillsätt en matsked ljunghonung i muggen.

c) Pressa en klyfta citron i muggen. Eventuellt kan du sticka in några kryddnejlika i citronklyftan för extra smak.

d) Häll varmt vatten i muggen, fyll den till önskad styrka.

e) Rör om blandningen väl, se till att honungen är helt upplöst.

f) Låt drycken dra i en minut eller två för att låta smakerna smälta.

g) Smaka av och justera sötman eller syrligheten genom att tillsätta mer honung eller citron om det behövs.

h) Ta bort citronklyftan och kryddnejlika.

MULLED DRYCK

19. Glögg rosmarinvin & svart te

INGREDIENSER:
- 1 Flaskröd; ELLER... annat fylligt rött vin
- 1 liter Svart te pref. Assam eller Darjeeling
- ¼ kopp Mild honung
- ⅓ kopp Socker; eller efter smak
- 2 Apelsiner skivade tunt och kärnade
- 2 Kanelstänger (3 tum)
- 6 Hela kryddnejlika
- 3 Rosmarinkvistar

INSTRUKTIONER:
a)   Häll vinet och teet i en korrosionsfri kastrull. Tillsätt honung, socker, apelsiner, kryddor och rosmarin. Värm på låg värme tills den knappt ångar. Rör om tills honungen är upplöst.
b)   Ta kastrullen från värmen, täck över och låt stå i minst 30 minuter.
c)   När du är redo att servera, värm tills den bara är ångande och servera varm.

20.Glögg

INGREDIENSER:
- 1 flaska rött vin
- 2 apelsiner
- 3 kanelstänger
- 5 stjärnanis
- 10 hela kryddnejlika
- 3/4 kopp farinsocker

INSTRUKTIONER:
a) Lägg alla ingredienser utom apelsinerna i en medelstor kastrull.
b) Använd en vass kniv eller skalare och skala hälften av en apelsin. Undvik att skala så mycket märg (vit del) som möjligt, eftersom det har en bitter smak.
c) Juice apelsinerna och lägg i grytan tillsammans med apelsinskalet.
d) Värm blandningen på medelhög värme tills den precis ångar. Sänk värmen till låg sjud. Värm i 30 minuter för att låta kryddorna dra.
e) Sila av vinet och servera i värmetåliga koppar.

21.Mulled Ale med kryddor och konjak

INGREDIENSER:
- 18 uns julöl
- 2½ matskedar mörkt farinsocker
- 4-6 kryddnejlika efter smak
- 2-stjärnig anis
- 1 kanelstång
- ½ tesked mald muskotnöt
- 6 stycken apelsinskal
- 3 uns konjak

INSTRUKTIONER:
a) Blanda ale (en och en halv flaska, 18 ounce totalt) i en kastrull eller en liten gryta med farinsocker och muskotnöt, tillsätt kryddnejlika, stjärnanis, kanelstång och apelsinskal.
b) Låt sjuda försiktigt (låt inte koka), rör om så att sockret löser sig och låt puttra i 2-3 minuter för att bli väl genomsyrad av kryddorna.
c) Ta bort från värmen och tillsätt konjak.
d) Servera i muggar, garnerade med en apelsinskiva, och njut på ett ansvarsfullt sätt.

VARM CHOKLAD

22. Kardemumma och roskryddad varm choklad

INGREDIENSER:
- 2 dl mjölk (mejeri eller alternativ mjölk)
- 2 matskedar kakaopulver
- 2 msk socker (justera efter smak)
- ½ tsk mald kardemumma
- ¼ tesked rosenvatten
- Nypa mald kanel
- Vispad grädde och torkade rosenblad till garnering
- Marshmallows, till topping

INSTRUKTIONER:

a) Värm mjölken på medelvärme i en kastrull tills den är varm men inte kokar.

b) I en liten skål, vispa ihop kakaopulver, socker, kardemumma, rosenvatten och kanel.

c) Vispa gradvis kakaoblandningen i den varma mjölken tills den är väl blandad och slät.

d) Fortsätt att värma blandningen tills den når önskad temperatur, rör om då och då.

e) Häll den kryddade varma chokladen i muggar och garnera med vispad grädde, marshmallows och torkade rosenblad. Servera och njut!

23.Mexikansk-inspirerad kryddad varm choklad

INGREDIENSER:
- 2 dl mjölk (mejeri eller alternativ mjölk)
- 2 uns mörk choklad, finhackad
- 2 matskedar kakaopulver
- 2 msk socker (justera efter smak)
- ½ tsk mald kanel
- ¼ tesked mald muskotnöt
- Nypa cayennepeppar (valfritt)
- Vispad grädde och kakaopulver till garnering

INSTRUKTIONER:

a) Värm mjölken på medelvärme i en kastrull tills den är varm men inte kokar.

b) Tillsätt den hackade mörka chokladen, kakaopulver, socker, kanel, muskotnöt och cayennepeppar (om du använder) till mjölken.

c) Vispa kontinuerligt tills chokladen smält och blandningen är slät och väl sammanblandad.

d) Fortsätt att värma den kryddade varma chokladen, rör om då och då, tills den når önskad temperatur.

e) Häll upp i muggar, toppa med vispad grädde och pudra med kakaopulver. Servera och njut!

24.Pepparkakor kryddad varm choklad

INGREDIENSER:
- 2 dl mjölk (mejeri eller alternativ mjölk)
- 2 matskedar kakaopulver
- 2 msk farinsocker
- ½ tesked mald ingefära
- ½ tsk mald kanel
- ¼ tesked mald muskotnöt
- Nypa mald kryddnejlika
- Vispad grädde och pepparkakssmulor till garnering

INSTRUKTIONER:

a) Värm mjölken på medelvärme i en kastrull tills den är varm men inte kokar.

b) Vispa ihop kakaopulver, farinsocker, ingefära, kanel, muskotnöt och kryddnejlika i en liten skål.

c) Vispa gradvis kakaoblandningen i den varma mjölken tills den är väl blandad och slät.

d) Fortsätt att värma den kryddade varma chokladen, rör om då och då, tills den når önskad temperatur.

e) Häll upp i muggar, toppa med vispad grädde och strö pepparkakssmulor ovanpå. Servera och njut!

25.Chai kryddad varm choklad

INGREDIENSER:
- 2 dl mjölk (mejeri eller alternativ mjölk)
- 2 matskedar kakaopulver
- 2 msk socker (justera efter smak)
- 1 tsk chai teblad (eller 1 chai tepåse)
- ½ tsk mald kanel
- ¼ tesked mald kardemumma
- Nypa mald ingefära
- Vispad grädde och ett stänk kanel till garnering

INSTRUKTIONER:

a) Värm mjölken på medelvärme i en kastrull tills den är varm men inte kokar.

b) Tillsätt chai -tebladen (eller tepåsen) i mjölken och låt dra i 5 minuter. Ta bort tebladen eller tepåsen.

c) I en liten skål, vispa ihop kakaopulver, socker, kanel, kardemumma och ingefära.

d) Vispa gradvis kakaoblandningen i den varma mjölken tills den är väl blandad och slät.

e) Fortsätt att värma den kryddade varma chokladen, rör om då och då, tills den når önskad temperatur.

f) Häll upp i muggar, toppa med vispad grädde och strö över kanel. Servera och njut!

26. Peta varm choklad

INGREDIENSER:
- ½ kopp osötat kakaopulver
- ½ kopp socker
- 1 skvätt salt
- ½ kopp vatten
- 6 dl vanilj sojamjölk
- tofu vispad grädde
- kanelstänger

INSTRUKTIONER:

a) I en 2 liters kastrull, rör ihop kakao, socker och salt tills det är väl blandat.

b) Tillsätt vattnet och rör tills det är slätt. Koka blandningen över medelvärme tills den kokar, rör hela tiden med en sked eller trådvisp.

c) Sänk värmen och koka i 2 minuter till under konstant omrörning.

d) Rör ner sojamjölken och värm tills små bubblor bildas runt kanten, rör hela tiden. Ta kastrullen från värmen. Vispa med en trådvisp eller elektrisk mixer tills den är slät och skum, häll sedan i 8-ounce muggar.

e) Toppa med vispad tofu och garnera med kanelstänger.

27.Red Velvet Hot Chocolate

INGREDIENSER:
- 14 uns sötad kondenserad mjölk
- 1 kopp tung grädde
- 6 dl helmjölk
- 1 kopp halvsöta chokladchips
- 1 msk vaniljextrakt
- 1 msk färskost
- 4 droppar röd matgel

INSTRUKTIONER:
a) Tillsätt den sötade kondenserade mjölken, chokladbitarna, grädden, mjölken och vaniljextraktet i din långkokare och koka på låg värme i 3 timmar, rör om varje timme. Choklad och mjölk i långsamkokaren

b) När chokladen har smält, rör ner färskosten och den röda matfärgen.

c) Fortsätt tillaga om så önskas, eller sänk värmen för att bli varm och servera. Choklad i slow cookern

d) Om blandningen är för tjock för dina preferenser kan du späda den med ytterligare mjölk eller vatten. Röd sammet varm choklad i en klar mugg.

28.Ostig varm choklad

INGREDIENSER:
- 2 dl mjölk
- ½ kopp tung grädde
- 1 dl riven amerikansk ost
- 2 matskedar kakaopulver
- 2 matskedar socker
- 1 tsk vaniljextrakt

INSTRUKTIONER:
a) Värm mjölken och grädden på medelvärme i en kastrull.
b) Tillsätt den rivna amerikanska osten och rör om tills den smält och blandas.
c) Tillsätt kakaopulver, socker och vaniljextrakt och rör om tills det är väl blandat.
d) Servera varm.

29.Getost och honung varm choklad

INGREDIENSER:
- 2 dl mjölk (mejeri eller alternativ mjölk)
- 2 matskedar kakaopulver
- 2 msk honung (anpassa efter smak)
- ¼ kopp getost, smulad
- Nypa salt
- Vispad grädde och en klick honung till garnering

INSTRUKTIONER:
a) Värm mjölken på medelvärme i en kastrull tills den är varm men inte kokar.
b) I en liten skål, vispa ihop kakaopulver, honung och salt.
c) Vispa gradvis kakaoblandningen i den varma mjölken tills den är väl blandad och slät.
d) Tillsätt den smulade getosten till den varma chokladen och vispa tills den smält och blandas med blandningen.
e) Fortsätt att värma den ostiga varma chokladen, rör om då och då, tills den når önskad temperatur.
f) Häll upp i muggar, toppa med vispad grädde och ringla över honung. Servera och njut!

30.Blå ost Varm choklad

INGREDIENSER:
- 2 dl mjölk (mejeri eller alternativ mjölk)
- 2 matskedar kakaopulver
- 2 msk socker (justera efter smak)
- ¼ kopp ädelost, smulad
- Nypa salt
- Vispad grädde och ett strö smulad ädelost till garnering

INSTRUKTIONER:
a) Värm mjölken på medelvärme i en kastrull tills den är varm men inte kokar.
b) I en liten skål, vispa ihop kakaopulver, socker och salt.
c) Vispa gradvis kakaoblandningen i den varma mjölken tills den är väl blandad och slät.
d) Tillsätt den smulade ädelosten till den varma chokladen och vispa tills den smält och blandas med blandningen.
e) Fortsätt att värma den ostiga varma chokladen, rör om då och då, tills den når önskad temperatur.
f) Häll upp i muggar, toppa med vispad grädde och strö över smulad ädelost. Servera och njut!

31.Parmesan och havssalt varm choklad

INGREDIENSER:
- 2 dl mjölk (mejeri eller alternativ mjölk)
- 2 matskedar kakaopulver
- 2 msk socker (justera efter smak)
- ¼ kopp riven parmesanost
- Nypa havssalt
- Vispad grädde och ett stänk riven parmesan till garnering

INSTRUKTIONER:
a) Värm mjölken på medelvärme i en kastrull tills den är varm men inte kokar.
b) I en liten skål, vispa ihop kakaopulver, socker och havssalt.
c) Vispa gradvis kakaoblandningen i den varma mjölken tills den är väl blandad och slät.
d) Tillsätt den rivna parmesanosten till den varma chokladen och vispa tills den smält och blandas med blandningen.
e) Fortsätt att värma den ostiga varma chokladen, rör om då och då, tills den når önskad temperatur.
f) Häll upp i muggar, toppa med vispad grädde och strö över riven parmesan. Servera och njut!

32.Pepper Jack och Cayenne varm choklad

INGREDIENSER:
- 2 dl mjölk (mejeri eller alternativ mjölk)
- 2 matskedar kakaopulver
- 2 msk socker (justera efter smak)
- ¼ kopp riven peppar jack ost
- ¼ tesked cayennepeppar (anpassa efter krydda preferenser)
- Vispad grädde och ett stänk cayennepeppar till garnering

INSTRUKTIONER:
a) Värm mjölken på medelvärme i en kastrull tills den är varm men inte kokar.
b) I en liten skål, vispa ihop kakaopulver, socker och cayennepeppar.
c) Vispa gradvis kakaoblandningen i den varma mjölken tills den är väl blandad och slät.
d) Tillsätt den rivna pepperjackosten till den varma chokladen och vispa tills den smälter och införlivas i blandningen.
e) Fortsätt att värma den ostiga varma chokladen, rör om då och då, tills den når önskad temperatur.
f) Häll upp i muggar, toppa med vispad grädde och strö över cayennepeppar. Servera och njut!

33.T oblerone varm choklad

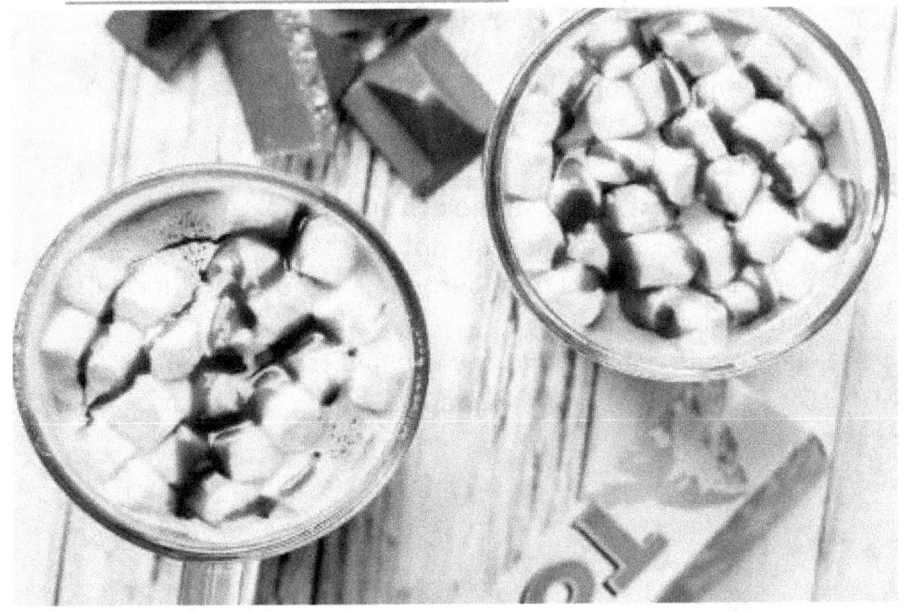

INGREDIENSER:
- 3 trekantiga stänger av Toblerone
- ⅓ kopp Söt grädde
- 1 Habaneros, finhackad

INSTRUKTIONER:
a) Värm grädden på låg värme och smält chokladen.
b) Blanda ofta för att undvika "hot spots".
c) Variera mängden kräm beroende på önskad tjocklek när den svalnat.
d) När grädde och choklad är väl blandat, rör ner habaneros.
e) Låt svalna och servera med äpple- eller päronbitar.

34.Ferrero Rocher varm choklad

INGREDIENSER:
- 2 dl mjölk
- ¼ kopp tung grädde
- 4 Ferrero Rocher -choklad, finhackad
- Vispad grädde (valfritt, för topping)
- Kakaopulver (valfritt, för att pudra)

INSTRUKTIONER:

a) Värm mjölken och grädden på medelvärme i en liten kastrull tills den är varm men inte kokar.

b) Tillsätt den hackade Ferrero Rocher -chokladen i kastrullen och vispa tills den smält och väl blandad.

c) Häll den varma chokladen i muggar.

d) Om så önskas, toppa med vispad grädde och pudra med kakaopulver.

e) Servera varm och njut av den rika och överseende Ferrero Rocher Hot Chocolate.

35. Honeycomb Candy Hot Chocolate

INGREDIENSER:
- 2 dl mjölk (mejeri eller växtbaserad)
- 2 matskedar kakaopulver
- 2 matskedar socker
- ¼ kopp honeycomb godis, krossad
- Vispad grädde och chokladspån för topping (valfritt)

INSTRUKTIONER:

a) Värm mjölken på medelvärme i en kastrull tills den är varm men inte kokar.
b) Vispa i kakaopulver och socker tills det är väl blandat och slätt.
c) Tillsätt det krossade bikakegodiset till den varma chokladblandningen.
d) Fortsätt att värma och rör om tills bikakegodiset har smält.
e) Häll den varma chokladen i muggar.
f) Toppa med vispad grädde och chokladspån om så önskas.
g) Njut av denna rika och dekadenta varma choklad med bikakegodis på en kylig dag.

36.Lönn varm choklad

INGREDIENSER:
- ¼ kopp socker
- 1 msk bakkakao
- ⅛ tesked salt
- ¼ kopp varmt vatten
- 1 msk smör
- 4 koppar mjölk
- 1 tsk lönnsmaksättning
- 1 tsk vaniljextrakt
- 12 marshmallows, uppdelade

INSTRUKTIONER:
a) Blanda socker, kakao och salt i en stor kastrull. Rör i varmt vatten och smör; koka upp på medelvärme.
b) Tillsätt mjölk, lönnsmak, vanilj och 8 marshmallows.
c) Värm igenom, rör om då och då, tills marshmallows har smält.
d) Häll i 4 muggar; toppa med resterande marshmallows.

37.Rose varm choklad

INGREDIENSER:
- 2 dl mjölk (mejeri eller alternativ mjölk)
- 2 matskedar kakaopulver
- 2 msk socker (justera efter smak)
- 1 tsk rosenvatten
- Vispad grädde och torkade rosenblad till garnering

INSTRUKTIONER:
a) Värm mjölken på medelvärme i en kastrull tills den är varm men inte kokar.
b) I en liten skål, vispa ihop kakaopulver och socker.
c) Rör ner rosenvattnet tills det är väl blandat.
d) Vispa gradvis kakaoblandningen i den varma mjölken tills den är slät och väl blandad.
e) Fortsätt att värma roséchokladen, rör om då och då, tills den når önskad temperatur.
f) Häll upp i muggar, toppa med vispad grädde och garnera med torkade rosenblad. Servera och njut!

38. Orange Blossom varm choklad

INGREDIENSER:
- 2 dl mjölk (mejeri eller alternativ mjölk)
- 2 matskedar kakaopulver
- 2 msk socker (justera efter smak)
- 1 tsk apelsinblomvatten
- Vispad grädde och apelsinskal till garnering

INSTRUKTIONER:
a) Värm mjölken på medelvärme i en kastrull tills den är varm men inte kokar.
b) I en liten skål, vispa ihop kakaopulver och socker.
c) Rör i apelsinblomsvattnet tills det är väl blandat.
d) Vispa gradvis kakaoblandningen i den varma mjölken tills den är slät och väl blandad.
e) Fortsätt att värma den varma apelsinblomchokladen, rör om då och då, tills den når önskad temperatur.
f) Häll upp i muggar, toppa med vispad grädde och garnera med apelsinskal. Servera och njut!

39.Fläderblomma varm choklad

INGREDIENSER:
- 2 dl mjölk (mejeri eller alternativ mjölk)
- 2 matskedar kakaopulver
- 2 msk socker (justera efter smak)
- 1 msk fläderblomssirap
- Vispad grädde och ätbara blommor till garnering

INSTRUKTIONER:

a) Värm mjölken på medelvärme i en kastrull tills den är varm men inte kokar.

b) I en liten skål, vispa ihop kakaopulver och socker.

c) Rör ner fläderblomssirapen tills den är väl blandad.

d) Vispa gradvis kakaoblandningen i den varma mjölken tills den är slät och väl blandad.

e) Fortsätt att värma fläderblomsvarma chokladen, rör om då och då, tills den når önskad temperatur.

f) Häll upp i muggar, toppa med vispad grädde och garnera med ätbara blommor. Servera och njut!

40. Hibiskus varm choklad

INGREDIENSER:
- 2 dl mjölk (mejeri eller alternativ mjölk)
- 2 matskedar kakaopulver
- 2 msk socker (justera efter smak)
- 1 msk torkade hibiskusblommor
- Vispad grädde och ett stänk av hibiskusblad till garnering

INSTRUKTIONER:

a) Värm mjölken på medelvärme i en kastrull tills den är varm men inte kokar.

b) I en liten skål, vispa ihop kakaopulver och socker.

c) Tillsätt de torkade hibiskusblommorna i den varma mjölken och låt dra i 5 minuter. Ta bort hibiskusblommorna.

d) Vispa gradvis kakaoblandningen i den varma mjölken tills den är väl blandad och slät.

e) Fortsätt att värma den varma hibiskuschokladen, rör om då och då, tills den når önskad temperatur.

f) Häll upp i muggar, toppa med vispad grädde och strö över hibiskusblad. Servera och njut!

41.Lavendel varm choklad

INGREDIENSER:
- 2 dl mjölk (mejeri eller alternativ mjölk)
- 2 matskedar kakaopulver
- 2 msk socker (justera efter smak)
- 1 tsk torkade lavendelblommor
- ½ tesked vaniljextrakt
- Vispad grädde och lavendelblad till garnering

INSTRUKTIONER:

a) Värm mjölken på medelvärme i en kastrull tills den är varm men inte kokar.

b) I en liten skål, vispa ihop kakaopulver och socker.

c) Tillsätt de torkade lavendelblommorna i den varma mjölken och låt dra i 5 minuter. Ta bort lavendelblommorna.

d) Vispa gradvis kakaoblandningen i den varma mjölken tills den är väl blandad och slät.

e) Rör ner vaniljextraktet.

f) Fortsätt att värma den lavendelinfunderade varma chokladen, rör om då och då, tills den når önskad temperatur.

g) Häll upp i muggar, toppa med vispad grädde och garnera med lavendelblad. Servera och njut!

42. Mörk Matcha varm choklad

INGREDIENSER:
- 1 skopa Fairtrade mörk varm choklad
- 1 miniskeda Matcha- pulver
- Ångad mjölk

INSTRUKTIONER:
a) Kombinera matchan med en skvätt varmt vatten och blanda till en slät massa
b) Fyll på med ångad mjölk, rör om medan du häller

43.Mint varm choklad

INGREDIENSER:
- 2 dl mjölk (mejeri eller alternativ mjölk)
- 2 matskedar kakaopulver
- 2 msk socker (justera efter smak)
- ¼ kopp färska myntablad
- ½ tesked vaniljextrakt
- Vispad grädde och färska myntablad till garnering

INSTRUKTIONER:
a) Värm mjölken på medelvärme i en kastrull tills den är varm men inte kokar.
b) I en liten skål, vispa ihop kakaopulver och socker.
c) Tillsätt de färska myntabladen i den varma mjölken och låt dra i 5 minuter. Ta bort myntabladen.
d) Vispa gradvis kakaoblandningen i den varma mjölken tills den är väl blandad och slät.
e) Rör ner vaniljextraktet.
f) Fortsätt att värma den mint-infunderade varma chokladen, rör om då och då, tills den når önskad temperatur.
g) Häll upp i muggar, toppa med vispad grädde och garnera med färska myntablad. Servera och njut!

44.Rosmarin varm choklad

INGREDIENSER:
- 2 dl mjölk (mejeri eller alternativ mjölk)
- 2 matskedar kakaopulver
- 2 msk socker (justera efter smak)
- 2 kvistar färsk rosmarin
- ½ tesked vaniljextrakt
- Vispad grädde och en kvist rosmarin till garnering

INSTRUKTIONER:
a) Värm mjölken på medelvärme i en kastrull tills den är varm men inte kokar.
b) I en liten skål, vispa ihop kakaopulver och socker.
c) Tillsätt de färska rosmarinkvistarna i den varma mjölken och låt dra i 5 minuter. Ta bort rosmarinkvistarna.
d) Vispa gradvis kakaoblandningen i den varma mjölken tills den är väl blandad och slät.
e) Rör ner vaniljextraktet.
f) Fortsätt att värma den rosmarininfunderade varma chokladen, rör om då och då, tills den når önskad temperatur.
g) Häll upp i muggar, toppa med vispad grädde och garnera med en kvist rosmarin. Servera och njut!

45.Basilika varm choklad

INGREDIENSER:
- 2 dl mjölk (mejeri eller alternativ mjölk)
- 2 matskedar kakaopulver
- 2 msk socker (justera efter smak)
- ¼ kopp färska basilikablad
- ½ tesked vaniljextrakt
- Vispad grädde och färska basilikablad till garnering

INSTRUKTIONER:

a) Värm mjölken på medelvärme i en kastrull tills den är varm men inte kokar.
b) I en liten skål, vispa ihop kakaopulver och socker.
c) Tillsätt de färska basilikabladen i den varma mjölken och låt dra i 5 minuter. Ta bort basilikabladen.
d) Vispa gradvis kakaoblandningen i den varma mjölken tills den är väl blandad och slät.
e) Rör ner vaniljextraktet.
f) Fortsätt att värma den basilika-infunderade varma chokladen, rör om då och då, tills den når önskad temperatur.
g) Häll upp i muggar, toppa med vispad grädde och garnera med färska basilikablad. Servera och njut!

46.Salvia varm choklad

INGREDIENSER:
- 2 dl mjölk (mejeri eller alternativ mjölk)
- 2 matskedar kakaopulver
- 2 msk socker (justera efter smak)
- 2 kvistar färsk salvia
- ½ tesked vaniljextrakt
- Vispad grädde och ett salviablad till garnering

INSTRUKTIONER:
a) Värm mjölken på medelvärme i en kastrull tills den är varm men inte kokar.
b) I en liten skål, vispa ihop kakaopulver och socker.
c) Tillsätt de färska salviakvistarna i den varma mjölken och låt dra i 5 minuter. Ta bort salviakvistarna.
d) Vispa gradvis kakaoblandningen i den varma mjölken tills den är väl blandad och slät.
e) Rör ner vaniljextraktet.
f) Fortsätt att värma den salvia-infunderade varma chokladen, rör om då och då, tills den når önskad temperatur.
g) Häll upp i muggar, toppa med vispad grädde och garnera med ett salviablad. Servera och njut!

47. Gingerbread Hot Chocolate

INGREDIENSER:
- 2 dl mjölk
- 2 matskedar kakaopulver
- 2 matskedar socker
- ½ tesked mald ingefära
- ¼ tesked mald kanel
- ⅛ tesked mald muskotnöt
- Vispad grädde (valfritt)
- Pepparkakssmulor (valfritt, för garnering)

INSTRUKTIONER:

a) Värm mjölken på medelvärme i en kastrull tills den är varm men inte kokar.

b) Tillsätt kakaopulver, socker, mald ingefära, mald kanel och mald muskot till den varma mjölken.

c) Vispa tills alla ingredienser blandas väl och blandningen är slät.

d) Fortsätt att värma blandningen ytterligare några minuter tills den når önskad temperatur.

e) Häll upp i muggar och toppa med vispad grädde och ett stänk av pepparkakssmulor, om så önskas.

48.Pudsey björnkex Varm choklad

INGREDIENSER:
- Pudsey björnkex (några bitar)
- Mjölk (2 koppar)
- Varm chokladmix eller kakaopulver (2-3 matskedar)
- Socker (efter smak, valfritt)

INSTRUKTIONER:
a) Börja med att krossa Pudsey björnkexen i små bitar. Du kan använda en kavel eller en matberedare för detta steg.
b) Värm mjölken på medelhög värme i en kastrull. Rör om då och då för att förhindra brännhet.
c) När mjölken är varm men inte kokar, tillsätt de krossade Pudsey-björnkexen i kastrullen. Rör om försiktigt för att kombinera.
d) Låt kexen dra i mjölken i ca 5-10 minuter. Detta kommer att hjälpa smakerna att smälta samman.
e) Efter infusionstiden tar du kastrullen från värmen och silar av mjölken för att ta bort eventuella större kexbitar. Du kan använda en finmaskig sil eller ostduk för detta steg.
f) Återställ mjölken till låg värme och tillsätt den varma chokladmixen eller kakaopulvret. Rör om väl tills blandningen är slät och väl kombinerad.
g) Om så önskas kan du tillsätta socker efter smak. Tänk på att kexen redan kan tillföra lite sötma, så justera därefter.
h) När den varma chokladen är genomvärmd och alla ingredienser är väl införlivade, ta bort den från värmen.
i) Häll upp den varma chokladen i muggar och servera genast. Du kan garnera med vispad grädde, ett stänk kakaopulver eller ytterligare kexsmulor för en extra touch av Pudsey -björnsmak.

49.Brownie varm choklad

INGREDIENSER:
- 2 dl helmjölk
- ½ kopp tung grädde
- 3 uns bittersöt choklad, hackad
- 2 matskedar osötat kakaopulver
- 2 matskedar strösocker
- ¼ tesked vaniljextrakt
- Nypa salt
- Vispad grädde (till garnering)
- Browniebitar (för garnering)

INSTRUKTIONER:
a) Värm mjölken och grädden på medelhög värme i en medelstor kastrull tills det börjar sjuda. Låt det inte koka.
b) Tillsätt den hackade bittersöta chokladen, kakaopulver, strösocker, vaniljextrakt och en nypa salt i kastrullen. Vispa kontinuerligt tills chokladen smält och blandningen är slät och väl sammanblandad.
c) Fortsätt att värma blandningen på låg värme i cirka 5 minuter, rör om då och då, tills den tjocknar något.
d) Ta kastrullen från värmen och häll upp den varma chokladen i muggar.
e) Toppa varje mugg med en klick vispgrädde och strö några browniebitar över den vispade grädden.
f) Servera omedelbart och njut av din läckra Brownie Hot Chocolate!

50. Açaí varm choklad

INGREDIENSER:
- 1 ½ koppar Açaí puré
- 1 kopp fullfet kokosmjölk
- 2 ½ msk kakaopulver
- 1 tsk vaniljextrakt
- Nypa salt

INSTRUKTIONER:
a) Tillsätt alla ingredienser i en liten kastrull. Vispa ihop och låt sjuda på medelhög värme.
b) Sänk värmen till medel-låg och fortsätt sjuda tills den är genomvärmd.
c) Fördela jämnt mellan två muggar och garnera med dina favoritvarma kakaotoppar!

51.Schwarzwald varm choklad

INGREDIENSER:
VARM CHOKLAD:
- 1 kopp helmjölk
- 2 matskedar strösocker
- 1 ½ msk osötat kakaopulver
- 1 msk Amarena körsbärsjuice
- ½ tsk rent vaniljextrakt
- 1/16 tsk havssalt
- 1 ½ uns 72% mörk choklad hackad

TOPPINGS:
- 4 matskedar tung vispgrädde vispad till mjuka toppar
- 2 Amarena körsbär
- 2 tsk mörk choklad lockar

INSTRUKTIONER:

a) Tillsätt mjölk, socker, kakaopulver, körsbärsjuice, vanilj och salt i en liten kastrull på medelvärme och vispa ihop.

b) När det puttrat, vispa i den hackade chokladen.

c) Låt sjuda och koka tills det tjocknat något, cirka 1 minut, under konstant vispning.

d) Häll upp i 2 muggar och toppa vardera med hälften av den vispade grädden, 1 körsbär och 1 tsk chokladslingor.

e) Servera omedelbart.

52.Jordgubbs varm choklad

INGREDIENSER:
- 2 dl mjölk
- ¼ kopp jordgubbssirap
- 2 matskedar osötat kakaopulver
- 2 matskedar strösocker
- Vispad grädde (valfritt)
- Färska jordgubbar för garnering (valfritt)

INSTRUKTIONER:

a) Vispa ihop mjölk, jordgubbssirap, kakaopulver och socker i en kastrull.

b) Ställ kastrullen på medelvärme och rör om tills blandningen är varm och ångande (men inte kokar).

c) Ta av från värmen och häll den varma chokladen i muggar.

d) Toppa med vispad grädde och garnera med färska jordgubbar om så önskas.

53.Apelsin varm choklad

INGREDIENSER:
- 2 dl mjölk
- ¼ kopp apelsinjuice
- 2 matskedar osötat kakaopulver
- 2 matskedar strösocker
- ½ tsk apelsinskal
- Vispad grädde (valfritt)
- Apelsinskivor till garnering (valfritt)

INSTRUKTIONER:
a) Vispa ihop mjölk, apelsinjuice, kakaopulver, socker och apelsinskal i en kastrull.
b) Ställ kastrullen på medelvärme och rör om tills blandningen är varm och ångande (men inte kokar).
c) Ta av från värmen och häll den varma chokladen i muggar.
d) Toppa med vispad grädde och garnera med apelsinskivor om så önskas.

54.Hallon varm choklad

INGREDIENSER:
- 2 dl mjölk
- ¼ kopp hallonsirap
- 2 matskedar osötat kakaopulver
- 2 matskedar strösocker
- Vispad grädde (valfritt)
- Färska hallon för garnering (valfritt)

INSTRUKTIONER:
a) Vispa ihop mjölk, hallonsirap, kakaopulver och socker i en kastrull.
b) Ställ kastrullen på medelvärme och rör om tills blandningen är varm och ångande (men inte kokar).
c) Ta av från värmen och häll den varma chokladen i muggar.
d) Toppa med vispad grädde och garnera med färska hallon om så önskas.

55.Banan varm choklad

INGREDIENSER:
- 2 dl mjölk
- 1 mogen banan, mosad
- 2 matskedar osötat kakaopulver
- 2 matskedar strösocker
- Vispad grädde (valfritt)
- Bananskivor för garnering (valfritt)

INSTRUKTIONER:

a) Vispa ihop mjölk, mosad banan, kakaopulver och socker i en kastrull.

b) Ställ kastrullen på medelvärme och rör om tills blandningen är varm och ångande (men inte kokar).

c) Ta av från värmen och häll den varma chokladen i muggar.

d) Toppa med vispad grädde och garnera med bananskivor om så önskas.

56.Kokos varm choklad

INGREDIENSER:
- 2 dl kokosmjölk
- 2 matskedar osötat kakaopulver
- 2 matskedar strösocker
- ½ tesked vaniljextrakt
- Vispad grädde (valfritt)
- Strimlad kokos till garnering (valfritt)

INSTRUKTIONER:
a) Vispa ihop kokosmjölk, kakaopulver, socker och vaniljextrakt i en kastrull.
b) Ställ kastrullen på medelvärme och rör om tills blandningen är varm och ångande (men inte kokar).
c) Ta av från värmen och häll den varma chokladen i muggar.
d) Toppa med vispad grädde och garnera med riven kokos om så önskas.

57. Nutella varm choklad

INGREDIENSER:
- ¾ kopp hasselnötslikör
- 13-ounce burk Nutella
- 1-quart halv-och-halva

INSTRUKTIONER:

a) Lägg halv och halv till låg värme i en kastrull och tillsätt Nutella.

b) Koka i ca 10 minuter och precis innan servering tillsätt hasselnötslikör.

58. PB&J-inspirerad varm choklad

INGREDIENSER:
- 2 dl mjölk
- ¼ kopp krämigt jordnötssmör
- ¼ kopp hallongelé eller sylt
- ¼ kopp halvsöta chokladchips
- 1 tsk vaniljextrakt
- Vispad grädde (valfritt)
- Chokladspån (valfritt)

INSTRUKTIONER:
a) Värm mjölken på medelhög värme i en medelstor kastrull.
b) Tillsätt jordnötssmör, hallongelé eller sylt, chokladchips och vaniljextrakt.
c) Vispa blandningen hela tiden tills chokladbitarna har smält och allt är väl blandat.
d) Ta kastrullen från värmen och häll upp blandningen i muggar.
e) Toppa med vispgrädde och chokladspån, om så önskas.
f) Servera omedelbart och njut av din läckra PB&J varma choklad!

59.Jordnötssmör Banan varm choklad

INGREDIENSER:
- 2 dl mjölk
- 2 matskedar kakaopulver
- 2 msk choklad- och jordnötspålägg (hemgjord eller köpt i butik)
- 1 mogen banan, mosad
- Vispad grädde (valfritt)
- Skivad banan (valfritt)

INSTRUKTIONER:

a) Värm mjölken på medelvärme i en kastrull tills den är varm men inte kokar.

b) Vispa i kakaopulvret tills det löst sig.

c) Tillsätt chokladen och jordnötsspridningen i kastrullen och rör om tills det smält och väl blandat.

d) Rör ner den mosade bananen tills den är inkorporerad.

e) Häll den varma chokladen i muggar och toppa med vispad grädde och skivad banan, om så önskas. Servera varm.

60.Serendipitys frysta varm choklad

INGREDIENSER:
- 1 ½ tsk sötad Van Houton kakao
- 1 ½ tsk Droste kakao
- 1 ½ msk socker
- 1 msk sött smör
- ½ kopp mjölk
- 3 uns mörk och ljus Godiva-smaksatt choklad (eller efter smak)
- ½ uns vardera av olika högkvalitativ choklad (som Valhrona, Lindt, Callebaut, Cadbury, etc.)
- 1 generös slev av en blandning av importerad choklad
- ½ pint mjölk
- ½ liter krossad is
- Vispad grädde (till topping)
- Riven choklad (till garnering)
- 2 sugrör
- Iced tesked

INSTRUKTIONER:

a) Houton -kakaon, Droste -kakaon, socker och sött smör i en dubbelkokare, rör om tills det bildar en slät pasta.

b) Tillsätt mörk och ljus choklad med Godiva-smak och olika högkvalitativa choklad i dubbelpannan. Fortsätt att smälta chokladen, tillsätt gradvis mjölken under konstant omrörning tills blandningen är slät.

c) Låt blandningen svalna till rumstemperatur. När den svalnat, överför den till en kvartsmixer.

d) Tillsätt den generösa skänken av blandningen av importerad choklad, ½ pint mjölk och krossad is i mixern.

e) Mixa alla ingredienser tills blandningen når önskad konsistens. Om den blir för tjock kan du lägga till mer mjölk eller is för att justera den.

f) Häll den frysta varma chokladen i en grapefruktskål eller ett serveringsglas.

g) Toppa den med en hög vispad grädde och strö riven choklad över den vispade grädden.

h) Sätt in två sugrör i den frysta varma chokladen för att dricka och servera med en iskall tesked för att sluka.

61. Amaretto varm choklad

INGREDIENSER:
- 1 ½ uns Amaretto likör
- 6 uns varm choklad
- vispad grädde (valfritt)
- chokladspån (valfritt)

INSTRUKTIONER:
a) Tillsätt Amaretto-likör i en mugg.
b) Häll varm choklad över Amaretton.
c) Rör om för att kombinera.
d) Toppa med vispgrädde och chokladspån, om så önskas.

62. Vininfunderad varm choklad

INGREDIENSER:
- ½ kopp helmjölk
- ½ kopp halv-och-halva
- ¼ kopp mörk chokladchips
- ½ kopp Shiraz
- Några droppar vaniljextrakt
- 1 matsked socker
- Liten nypa salt

INSTRUKTIONER:

a) Kombinera mjölken, halv-och-halva, mörka chokladchips, vaniljextrakt och salt i en kastrull på låg värme.

b) Rör hela tiden för att förhindra att chokladen i botten bränns vid tills den är helt upplöst.

c) När den är fin och varm tar du bort den från värmen och häller i vino.

d) Blanda väl.

e) Smaka av den varma chokladen och justera sötman med socker.

f) Häll upp i en varm chokladmugg och servera genast.

63.Piggad pepparmynta varm choklad

INGREDIENSER:
- 1 dl mjölk
- ¼ kopp tung grädde
- 4 uns halvsöt choklad, hackad
- ¼ tesked pepparmyntsextrakt
- 2 uns pepparmyntssnaps

INSTRUKTIONER:

a) Värm mjölken och grädden på medelvärme i en kastrull tills den är varm men inte kokar.

b) Ta kastrullen från värmen och tillsätt den hackade chokladen. Rör om tills den smält och slät.

c) Rör ner pepparmintsextraktet och pepparmintssnapsen.

d) Häll upp i muggar och garnera med vispad grädde och krossade pepparmintsgodisar, om så önskas.

64. Baileys Irish Cream Hot Chocolate

INGREDIENSER:
- 1 dl mjölk
- ¼ kopp tung grädde
- 2 uns halvsöt choklad, hackad
- 1 uns Baileys Irish Cream

INSTRUKTIONER:
a) Värm mjölken och grädden på medelvärme i en kastrull tills den är varm men inte kokar.
b) Ta kastrullen från värmen och tillsätt den hackade chokladen. Rör om tills den smält och slät.
c) Rör ner Baileys Irish Cream.
d) Häll upp i muggar och toppa med vispad grädde eller marshmallows om så önskas.

65.RumChata kryddad varm choklad

INGREDIENSER:
- 1 dl mjölk
- ¼ kopp tung grädde
- 2 uns halvsöt choklad, hackad
- ½ tsk mald kanel
- 1-ounce RumChata

INSTRUKTIONER:

a) Värm mjölken och grädden på medelvärme i en kastrull tills den är varm men inte kokar.

b) Ta kastrullen från värmen och tillsätt den hackade chokladen. Rör om tills den smält och slät.

c) Rör ner malen kanel och RumChata .

d) Häll upp i muggar och garnera med ett stänk kanel eller vispad grädde om så önskas.

66.Kryddad apelsin varm choklad

INGREDIENSER:
- 1 dl mjölk
- ¼ kopp tung grädde
- 2 uns mörk choklad, hackad
- Skal av 1 apelsin
- ¼ tesked mald kanel
- 1 uns Grand Marnier

INSTRUKTIONER:

a) Värm mjölken och grädden på medelvärme i en kastrull tills den är varm men inte kokar.

b) Ta kastrullen från värmen och tillsätt den hackade mörka chokladen. Rör om tills den smält och slät.

c) Rör ner apelsinskalet, malen kanel och Grand Marnier.

d) Häll upp i muggar och garnera med apelsinzest eller vispad grädde om så önskas.

67. Kryddig aztekisk varm choklad med tequila

INGREDIENSER:
- 1 dl mjölk
- ¼ kopp tung grädde
- 2 uns mörk choklad, hackad
- ¼ tesked mald kanel
- ⅛ tesked chilipulver (anpassa efter smak)
- 1 uns tequila

INSTRUKTIONER:
a) Värm mjölken och grädden på medelvärme i en kastrull tills den är varm men inte kokar.
b) Ta kastrullen från värmen och tillsätt den hackade mörka chokladen. Rör om tills den smält och slät.
c) Rör ner malen kanel, chilipulver och tequila.
d) Häll upp i muggar och garnera med ett strö chilipulver eller vispad grädde om så önskas.

KAFFE

68.Espressoshot

INGREDIENSER:
- 14-16 gram högkvalitativa espressobönor
- Filtrerat vatten

INSTRUKTIONER:
ANVÄNDA EN ESPRESSOMASKIN:
a) Slå på din espressomaskin och låt den nå önskad förvärmningstemperatur.
b) Medan maskinen värms upp, mät upp 14-16 gram espressobönor och mal dem tills de liknar fint bordssalt.
c) Fördela och packa det malda kaffet jämnt i portafilterkorgen, för att säkerställa en jämn yta.
d) Sätt in portafiltret i maskinens grupphuvud.
e) Placera två förvärmda espressokoppar under pipen.
f) Starta extraktionsprocessen. En vanlig espressoshot bör ta cirka 25-30 sekunder att extrahera, vilket ger ungefär 1-2 ounces (30-60 ml) vätska per shot.
g) Servera den nybryggda espresson direkt.

ANVÄNDA EN AEROPRESS:
h) Koka upp vatten och låt det svalna i en minut för att nå en temperatur mellan 195-205°F (90-96°C).
i) Fäst ett pappersfilter på Aeropress -locket och fäst det i kammaren.
j) Tillsätt 14-16 gram finmalet kaffe i Aeropressen.
k) Häll försiktigt cirka 1-2 ounces (30-60 ml) varmt vatten över kaffesumpen, låt dem blomma i cirka 30 sekunder.
l) Rör om försiktigt och tillsätt sedan det återstående varma vattnet.
m) Fäst kolven på Aeropressen och tryck försiktigt nedåt för att extrahera espresson i serveringskoppen.

ANVÄNDNING AV EN MOKA-KRYTA (ESPRESSOMASKINER FÖR SPISTOPP):
n) Fyll bottenkammaren på Moka -grytan med vatten, fyll den upp till säkerhetsventilen.
o) Häll 14-16 gram finmalet kaffe i filterkorgen.

p) Sätt ihop Moka- grytan och placera den på en spishäll inställd på medel-låg värme.
q) När vattnet i bottenkammaren värms upp kommer det att skapa tryck och trycka upp espresson genom filterkorgen.
r) Övervaka processen och när du hör ett väsande ljud, ta genast bort Moka- grytan från värmen för att förhindra överextraktion.
s) Häll den nybryggda espresson i dina koppar.

69. Dropp kaffe

INGREDIENSER:
- 2 pappersfilter
- 2 till 4 matskedar medelmalt kaffe
- Filtrerat vatten

UTRUSTNING:
- Vanlig droppkaffebryggare
- Standardfilter

INSTRUKTIONER:
a) Se till att din droppkaffebryggare är ren och redo att användas.
b) Kontrollera att du har färska kaffebönor och filtrerat vatten till hands.
c) Sätt i två pappersfilter i filterfacket på din droppkaffebryggare. Även om din kaffebryggare har ett permanent filter kan användning av pappersfilter resultera i en jämnare smak.
d) Mät upp 1 till 2 matskedar medelmalt kaffe per 6-ounce kopp kaffe. För 2 portioner behöver du 4 till 8 matskedar kaffesump. Justera mängden efter din önskade styrka.
e) Fyll kaffebryggarens tank med filtrerat vatten, anpassa mängden till antalet koppar du vill brygga. Vanligtvis, för 2 portioner, behöver du cirka 12 till 16 uns vatten.
f) Aktivera kaffebryggaren och låt den brygga. Bryggtiden kan variera beroende på din maskin, men det tar vanligtvis cirka 4 till 10 minuter för en droppkaffebryggare att slutföra processen.
g) När bryggprocessen är klar, ta genast bort kastrullen eller kopparna från värmeplattan eller brännaren på din kaffebryggare. Att lämna det på brännaren kan resultera i en bränd smak.
h) Häll upp det nybryggda droppkaffe i dina koppar eller muggar. Skräddarsy den med grädde, socker eller andra smakämnen efter eget tycke.
i) När du har njutit av ditt kaffe, kom ihåg att rengöra din kaffebryggare regelbundet. En blandning av vit vinäger och vatten är ett effektivt sätt att bibehålla sin renhet och förhindra oönskade lukter eller smaker.
j) För optimala resultat, förbered ditt droppkaffe precis innan bryggning istället för att använda timerfunktionen. Detta säkerställer att du upplever den färskaste kaffesmaken.

70.Café Au Lait

INGREDIENSER:
- 3 matskedar snabbkaffe
- 1 kopp mjölk
- 1 kopp lätt grädde
- 2 koppar kokande vatten

INSTRUKTIONER:
a) Börja med att försiktigt värma mjölken och grädden på låg värme tills den når en varm temperatur.
b) När mjölken och grädden värms upp, lös snabbkaffet i det kokande vattnet.
c) Precis innan servering, använd en roterande visp för att vispa den uppvärmda mjölkblandningen tills den förvandlas till en skummig konsistens.
d) Ta sedan en förvärmd kanna och häll den skummande mjölkblandningen i den. Häll samtidigt det bryggda kaffet i en separat kanna.
e) När du är redo att servera, fyll kopparna genom att samtidigt hälla från båda kannorna, låt bäckarna kombineras medan du häller upp.

71. Klassisk amerikansk

INGREDIENSER:
- 1 shot espresso
- Varmt vatten

INSTRUKTIONER:

a) Förbered en shot espresso genom att brygga den.

b) Justera espressons styrka efter eget tycke genom att tillsätta varmt vatten.

c) Servera den som den är eller förhöj smaken med grädde och socker om så önskas.

72. Macchiato

INGREDIENSER:
- 2 shots espresso (2 ounces)
- 2 uns (¼ kopp) skum från helmjölk

INSTRUKTIONER:
a) Använd antingen en espressomaskin eller en manuell espressobryggare för att förbereda en enda shot espresso.
b) Lägg över espresson i en mugg. Alternativt kan du överväga att använda en Aeropress för att brygga espresso.
c) Om du använder en espressomaskin, värm ½ kopp mjölk tills den skållas. Du behöver i slutändan bara ¼ kopp mjölkskum.
d) Värm mjölken till en temperatur av 150 grader Fahrenheit; det ska kännas varmt vid beröring men ska inte sjuda. Du kan mäta detta med en mattermometer eller genom att testa det med fingret.
e) Använd en espressomaskin, en mjölkskummare , en fransk press eller en visp för att skumma mjölken till små, enhetliga bubblor.
f) För en macchiato, sträva efter att producera en generös mängd "torrt skum", som är den luftiga varianten av skum. En mjölkskummare fungerar särskilt bra för att uppnå denna typ av skum.
g) Använd en sked, skumma försiktigt bort det översta lagret av skum (det torra skummet) och placera det försiktigt ovanpå espresson. Du bör använda cirka ¼ kopp skum för en enda portion.

73.Mocka

INGREDIENSER:
- 18g mald espresso eller 1 espressokapsel
- 250 ml mjölk
- 1 tsk drickchoklad

INSTRUKTIONER:

a) Brygg cirka 35 ml espresso med en kaffemaskin och häll den i botten av din kopp. Tillsätt drickchokladen och blanda den ordentligt tills den blir slät.

b) Använd ångkokaren för att skumma mjölken tills den har ca 4-6 cm skum på ytan. Håll mjölkkannan med pipen ca 3-4 cm ovanför koppen och häll mjölken i en jämn ström.

c) När vätskenivån i koppen stiger, för mjölkkannan så nära dryckens yta som möjligt samtidigt som den riktas mot mitten.

d) När mjölkkannan nästan nuddar kaffets yta, luta den för att hälla snabbare. Medan du gör detta kommer mjölken att träffa baksidan av koppen och naturligt vikas in i sig själv, vilket skapar ett dekorativt mönster ovanpå din mocka.

74. Mexikanskt kryddat kaffe

INGREDIENSER:
- 6 kryddnejlika
- 6 matskedar bryggt kaffe
- 6 Julienne apelsinskal
- 3 kanelstänger
- ¾ kopp Farinsocker, fast förpackat
- Vispad grädde (valfritt)

INSTRUKTIONER:
a) I en stor kastrull, värm 6 koppar vatten tillsammans med farinsocker, kanelstänger och kryddnejlika på medelhög värme tills blandningen är uppvärmd men var försiktig så att den inte kokar upp.
b) Tillsätt kaffet och låt blandningen koka upp, rör då och då i 3 minuter.
c) Filtrera kaffet genom en fin sil och servera det i kaffekoppar, garnera med apelsinskal.
d) Toppa med vispad grädde om så önskas.

75. Hong Kong Yuanyang

INGREDIENSER:
- 2 matskedar sötad kondenserad mjölk
- 1 shot espresso (ca 1 ounce)
- 1 kopp bryggt svart te (ca 8 uns)
- Isbitar (valfritt)

INSTRUKTIONER:
a) Inled processen genom att blötlägga en kopp svart te. Du har möjlighet att använda tepåsar eller lösbladste.
b) Låt det dra under den rekommenderade varaktigheten, vanligtvis 3-5 minuter, beroende på vald tesort. Se till att teet får en robust och smakrik karaktär.
c) Medan teet genomgår sin infusion, förbered en shot espresso med hjälp av en espressomaskin.
d) När både teet och espresson har blivit färdiga, blanda dem harmoniskt i ett glas eller en mugg.
e) Tillsätt den sötade kondenserade mjölken i blandningen. Börja med 2 matskedar och finjustera till önskad sötma.
f) För en iskall variant av Yuanyang, introducera isbitar i glaset.
g) Rör om noggrant för att blanda ihop alla komponenter och framkalla en uppfriskande kyla till drycken.
h) Skäm bort din Hong Kong Yuanyang! Det är en härlig blandning av kaffe och te, förstärkt av den sammetslena rikedomen av kondenserad mjölk, vilket ger en distinkt och tillfredsställande smakprofil.

76.Spanska Cortado

INGREDIENSER:
- 1 shot espresso
- Lika mycket varm mjölk

INSTRUKTIONER:
a) Förbered en shot espresso.
b) Värm försiktigt en motsvarande mängd mjölk.
c) Kombinera de två och se till att de är lika balanserade.

77. Italienska Granita Al Caffe

INGREDIENSER:
- Vispad grädde (valfritt)
- ¼ kopp vatten
- 2 koppar nybryggt starkt kaffe (ca 16 ounces)
- ½ kopp strösocker
- Kaffebönor eller kakaopulver för garnering (valfritt)

INSTRUKTIONER:

a) Börja med att brygga en robust kopp kaffe med din favorit kaffebryggare eller metod. För den rikaste smaken, välj nymalda kaffebönor.

b) Medan kaffet brygger, förbered den enkla sirapen. Blanda strösocker och vatten i en liten kastrull. Värm blandningen på medelvärme, rör hela tiden tills sockret löst sig helt. När det är upplöst, ta bort från värmen och låt det svalna till rumstemperatur.

c) Låt det nybryggda kaffet svalna till rumstemperatur.

d) Kombinera det kylda kaffet och den enkla sirapen i en mixerskål. Rör om ordentligt för att säkerställa jämn integration av sirapen. Smaka av och justera sötman efter behov genom att tillsätta mer sirap.

e) Överför kaffeblandningen till en grund, fryssäker behållare eller ugnsform. Ju större yta, desto snabbare fryser den.

f) Ställ behållaren i frysen och låt den stå i cirka 1 timme. Efter en timme, ta ut den och använd en gaffel för att skrapa de frusna kanterna och bryta upp eventuella iskristaller som har bildats. Rör om blandningen så att iskristallerna fördelas jämnt.

g) Upprepa denna process var 30:e minut eller så, skrapa och rör om, i cirka 3-4 timmar eller tills granitan har uppnått en slaskig, isig konsistens.

h) När granitan är helt frusen och uppvisar en fluffig, isig konsistens är den redo att serveras.

i) Ös den italienska Granita al Caffè i serveringsglas eller skålar. Om så önskas kan du förstärka varje servering med en klick vispgrädde och pryda med kaffebönor eller ett stänk kakaopulver för att höja både smak och presentation.

j) Servera din italienska Granita al Caffè omedelbart och njut av denna härliga, iskalla kaffeöverseende!

78. Vietnamesiskt äggkaffe

INGREDIENSER:
- 1 ägg
- 3 teskedar vietnamesiskt kaffepulver
- 2 teskedar sötad kondenserad mjölk
- Kokande vatten

INSTRUKTIONER:

a) Brygg en liten kopp vietnamesiskt kaffe.
b) Separera ägget, behåll bara äggulan.
c) Lägg äggulan och den sötade kondenserade mjölken i en liten, djup skål och vispa sedan kraftigt tills du får en skummig, fluffig blandning.
d) Tillsätt en matsked av bryggkaffet och vispa i det.
e) Häll i ditt bryggkaffe i en klar kaffekopp och lägg sedan den fluffiga äggblandningen ovanpå.

79.Svenskt äggkaffe

INGREDIENSER:
- 1 helt ägg (inklusive skalet)
- ½ kopp grovmalda kaffebönor
- 3 koppar kallt vatten

INSTRUKTIONER:
a) Börja med att krossa hela ägget, inklusive skalet, med en gaffel eller en klubba. Det krossade skalet hjälper till att klargöra kaffet och minska bitterheten.
b) Kombinera de grovmalda kaffebönorna i en mixerskål med det krossade ägget och äggskalet.
c) Rör ihop kaffesumpen och äggskalen tills de bildar en blandning som liknar fuktig kaffesump.
d) Värm 3 dl kallt vatten i en kastrull tills det kokar upp.
e) När vattnet når sin kokpunkt, för in kaffe-äggblandningen i det kokande vattnet. Ge det en kort omrörning.
f) Sänk värmen till låg temperatur, täck kastrullen och låt det sjuda i cirka 5 minuter. Var försiktig för att förhindra kokande missöden.
g) Efter sjudningsperioden, ta bort kastrullen från värmekällan och ge den en minut eller två så att kaffesumpen kan lägga sig i botten.
h) Häll försiktigt upp det klarnade kaffet i antingen en kaffekanna eller ett serveringskärl med försiktighet och en stadig hand. Det mesta av det krossade äggskalet och kafferesterna ska finnas kvar i kastrullen.
i) Servera ditt rykande heta svenska äggkaffe, antingen i sin rena form eller skräddarsytt med ditt val av mjölk, grädde eller sötningsmedel.

80. Turkiskt kaffe

INGREDIENSER:
- ¾ kopp vatten
- 1 matsked socker
- 1 matsked Pulveriserat kaffe
- 1 kardemummakapsel

INSTRUKTIONER:
a) Koka upp vatten och socker Ibrik .
b) Ta bort det från värmen och introducera kaffet och kardemumman.
c) Rör om ordentligt och ställ tillbaka den på värmen.
d) När kaffet skummar, ta bort det från värmen och låt sumpen sätta sig.
e) Upprepa två gånger till. Häll upp i koppar.
f) Kaffesumpen ska sätta sig innan det dricks.
g) Du kan servera kaffet med kardemangstången i din valfri kopp.

81. Kanel Vanilj Latte

INGREDIENSER:
- 1 msk vaniljsirap
- 1 shot espresso eller 1 kopp starkt kaffe
- ¼ tesked mald kanel
- 1 kopp ångad mjölk

INSTRUKTIONER:
a) Förbered en shot espresso eller en robust kopp kaffe.
b) Rör ner vaniljsirap och mald kanel.
c) Häll i ångad mjölk och rör om.
d) Njut av din Cinnamon Vanilla Latte!

82.Äggnog kaffe

INGREDIENSER:
- ½ dl äggvita
- 1 kopp rykande hett kaffe
- Nypa muskotnöt (för garnering)

INSTRUKTIONER:
a) Förbered en robust kopp kaffe.
b) Värm äggsmeten tills den är varm.
c) Kombinera det varma kaffet och den varma äggvitan.
d) Strö en nypa muskotnöt ovanpå.
e) Njut av ditt äggnogskaffe!

83. Cinnamon och pumpa Kryddkaffe

INGREDIENSER:
- 1 kopp bryggt pumpakryddkaffe
- ½ kopp mjölk
- En nypa mald muskotnöt
- 2 matskedar ren pumpapuré
- 1-2 matskedar lönnsirap eller farinsocker
- Vispad grädde (valfritt)
- ¼ tesked mald kanel
- Kanelstång eller mald kanel för garnering (valfritt)

INSTRUKTIONER:
a) Brygg en kopp pumpakryddkaffe med din favoritkaffebryggare eller metod.
b) I en liten kastrull på medelvärme, vispa ihop mjölken, ren pumpapuré, lönnsirap eller farinsocker, malen kanel och en nypa mald muskotnöt. Värm blandningen tills den är varm men inte kokar, vispa hela tiden för att säkerställa att den är väl kombinerad.
c) Häll upp det bryggda pumpakryddkaffet i en kaffemugg.
d) Häll försiktigt pumpamjölkblandningen i kaffet, rör om väl för att blanda.
e) Om du vill, toppa din höstkanelpumpablandning med en klick vispgrädde.
f) Förbättra presentationen och smaken genom att dekorera med en kanelstång eller en pudra av mald kanel.

84.Timmerstuga Latte

INGREDIENSER:
- ¼ tesked mald kanel och mer till garnering
- 1 shot espresso
- ½ kopp mjölk
- 1 msk ren lönnsirap
- Vispad grädde (valfritt)

INSTRUKTIONER:
a) Brygg en shot espresso eller förbered en stark kopp kaffe.
b) Medan espresson eller kaffet brygger, i en liten kastrull, värm ½ kopp mjölk på låg till medelhög värme.
c) Blanda 1 matsked ren lönnsirap och ¼ tesked mald kanel i en separat behållare.
d) Häll den bryggda espresson eller kaffet i en kaffemugg.
e) Tillsätt lönnsirap och kanelblandningen i kaffet, rör om noggrant för fullständig integration.
f) Häll sedan försiktigt den varma, skummande mjölken i kaffeblandningen, använd en sked för att behålla skummet till en början och låt mjölken rinna först.
g) Om du har en mjölkskummare, överväg att använda den för att förbättra mjölkens skummighet innan du lägger den till kaffet för en exceptionellt krämig konsistens.
h) Om du vill kan du pryda din Log Cabin Latte med en klick vispgrädde och en damm av mald kanel för att höja både dess smak och visuella tilltal.
i) Rör försiktigt om och din Log Cabin Latte är redo att njuta av!

85. Rostad Marshmallow Cafe Mocha

INGREDIENSER:
- 1 shot espresso eller ½ kopp robust kaffe
- ½ kopp mjölk
- 2 msk chokladsirap
- ¼ kopp varm choklad eller kakaomix
- ¼ kopp mini marshmallows
- Vispad grädde (valfritt)
- Chokladspån (valfritt)

INSTRUKTIONER:

a) Brygg en shot espresso eller förbered en stark kopp kaffe. Använd en espressomaskin eller en kaffebryggare.

b) Medan kaffet brygger, förbered din varma choklad. Du kan göra detta genom att blanda ¼ kopp varmt vatten med den varma chokladen eller kakaoblandningen i en separat behållare. Rör om tills det är väl löst.

c) Värm ½ kopp mjölk på låg till medelvärme i en liten kastrull tills den är varm men inte kokar. Om du har en mjölkskummare, skumma mjölken för att få en extra krämig konsistens.

d) Börja med att lägga till en shot espresso eller bryggkaffe i en kaffemugg.

e) Blanda i 2 matskedar chokladsirap i kaffet, se till att de blandas väl.

f) Häll gradvis den beredda varma chokladen i kaffeblandningen och rör om ordentligt för att kombinera smakerna.

g) Var försiktig, häll den varma, skummande mjölken i kaffeblandningen medan du använder en sked för att behålla skummet tills mjölken rinner.

h) Anpassa din Rostade Marshmallow Cafe Mocha med minimarshmallows till ditt hjärta och lägg till så många du vill.

i) För en extra överseende touch, om du vill, toppa den med en klick vispgrädde och ett stänk chokladspån.

j) Om du råkar ha en köksfackla kan du försiktigt rosta marshmallowsna ovanpå tills de blir gyllenbruna och lite krispiga. Var försiktig för att förhindra brännskador.

k) Sätt till sist i ett sugrör eller en lång sked, rör om försiktigt och njut av din härliga Rostade Marshmallow Cafe Mocha!

86.Minty Mocha Mocktail

INGREDIENSER:
- 1 shot espresso
- 1 uns chokladsirap
- ½ uns pepparmyntssirap
- Isbitar
- Mjölk eller grädde (valfritt)

INSTRUKTIONER:
a) Skaka espresso, chokladsirap och pepparmyntasirap med is.
b) Tillsätt mjölk eller grädde om så önskas.

87. Coconut Coffee Cooler

INGREDIENSER:
- ½ kopp kallbryggt kaffe
- ½ kopp kokosmjölk
- 2 matskedar honung
- Isbitar

INSTRUKTIONER:
a) Blanda kaffe, kokosmjölk och honung över is.

88. Orange Spice Coffee

INGREDIENSER:
- 1 kopp varmbryggt kaffe
- ½ tsk apelsinskal
- ¼ teskedar kanel

INSTRUKTIONER:
a) Börja med att brygga en kopp av ditt favoritkaffe. Du kan använda en droppkaffebryggare, fransk press eller någon annan metod du föredrar. Se till att det är varmt och nybryggt för bästa smak.
b) Tillsätt apelsinskalet. Apelsinskalet ger kaffet en härlig citrusarom och smak.
c) Tillsätt sedan ¼ tesked kanel till ditt kaffe.
d) Använd en sked eller rörstav för att blanda apelsinskal och kanel ordentligt i kaffet. Se till att ingredienserna är väl integrerade för en balanserad smak.
e) Ditt Orange Spice Coffee är nu redo att avnjutas.

89.Caramel Macchiato Mocktail

INGREDIENSER:
- 1 shot espresso
- 1 uns kolasirap
- ½ kopp mjölk
- Isbitar

INSTRUKTIONER:
a) Skaka espresso och kolasirap med is.
b) Toppa med mjölk.

90.Iced mandel kaffe

INGREDIENSER:
- ½ kopp tjock grädde, vispad
- ½ tesked mandelextrakt
- Isbitar
- 2 msk sötad kondenserad mjölk
- 1 kopp halv-och-halva
- 1 matsked socker
- 2 koppar kaffe
- Skivad mandel, till garnering

INSTRUKTIONER:
a) Kombinera kaffe, halv-och-halva, kondenserad mjölk, socker och mandelextrakt i en kanna.
b) Häll över is i 4 glas eller muggar.
c) Toppa varje portion med vispad grädde och dekorera med några skivor mandel.

91.Iced Maple Coffee

INGREDIENSER:
- ¼ kopp tjock grädde, vispad
- 1 kopp nybryggt kaffe
- 3 msk lönnsirap Isbitar

INSTRUKTIONER:
a) Blanda ner lönnsirapen i kaffet och häll över is.
b) Lägg den vispade grädden ovanpå.

92. Iced Mochaccino

INGREDIENSER:
- 1 kopp vaniljglass eller fryst yoghurt
- 1 matsked socker
- ¼ kopp Tung grädde, vispad mjukt
- ½ kopp bryggd espresso, kyld
- 6 matskedar Chokladsirap
- ½ kopp mjölk

INSTRUKTIONER:

a) Lägg espresso, chokladsirap, socker och mjölk i en mixer och mixa sedan tills de är väl kombinerade.

b) Tillsätt glassen eller yoghurten i blandningen och mixa tills den når en slät konsistens.

c) Dela den resulterande blandningen mellan två kylda glas och garnera vart och ett med vispad grädde och antingen chokladslingor eller ett stänk av kanel eller kakao.

93.Iskaffe Bitters

INGREDIENSER:
- Bitter, efter smak
- ½ tesked vaniljextrakt
- 2 tsk skedar socker _
- 6 uns kaffe
- Isbitar
- Vispad grädde eller halv-och-halva (valfritt)

INSTRUKTIONER:

a) Kombinera bitter, vanilj och socker med kaffe tills blandningen är en tjock sirap.

b) Häll 2½ teskedar av denna blandning i varje 6 uns kaffe. Servera över is.

c) Lägg på den vispade grädden eller hälften och hälften på toppen av drinken, om du vill.

ÖRTINFUSIONER OCH TE

94.Hibiskus-äpple te

INGREDIENSER:
- ½ kopp äppeljuice
- 1 Kanelstång
- ½ kopp Hibiskus te
- Socker eller sötningsmedel
- Citronskal till garnering

INSTRUKTIONER:
a) Blanda äppeljuice och kanelstång i en kastrull.
b) Sjud i 2 minuter , rör om då och då.
c) Tillsätt teet i kastrullen och rör om.
d) Ta bort kanelstången och häll upp teet i en kopp.
e) Tillsätt socker och garnera med ett citronskal.

95.Marockanskt myntate

INGREDIENSER:
- 2 matskedar Kinesiskt grönt te
- 5 koppar Kokande vatten
- 1 knippe färsk mynta, tvättad
- 1 kopp Socker

INSTRUKTIONER:
a) Placera te i en tekanna. Häll i kokande vatten.
b) Brant i 3 minuter.
c) Tillsätt mynta i grytan.
d) Låt dra i 4 minuter. Tillsätt socker.
e) Tjäna.

96.Rose Mjölk Te

INGREDIENSER:
- 2 matskedar rosensirap _ _ _ _
- 2 tsk oolong te
- 400 ml mjölk
- 3 Tablesskedar tapiokapärla
- 3 tsk socker

INSTRUKTIONER:
a) Koka upp 2 dl vatten.
b) Tillsätt tapiokapärlorna och sockret.
c) Låt dem sitta i 5 minuter.
d) Koka upp 2 koppar vatten och tillsätt ditt oolong-te med rosensirap.
e) Brygg i 4 minuter.
f) Häll i mjölken och låt dra.
g) Ta bort teet och tillsätt tapiokapärlorna.
h) Garnera med rosenblad och servera varma.

97. Anis honungste

INGREDIENSER:
- 1 tesked Torkade anisblad
- 1 kopp Kokande vatten
- 1 tesked Honung
- 1 Citronskiva

INSTRUKTIONER:
a) Lägg anisblad i en kopp och häll kokande vatten över dem.
b) Låt dra i 7 minuter.
c) blanda i honung och servera med en citronskiva.

98. Pepparmynta iste

INGREDIENSER:
- 4 teskedar blandning av apelsin pekoe och svart te
- 6 koppar Filtrerat vatten
- 6 Kvistar av färsk pepparmynta
- Is
- L emonklyftor och socker; för servering

INSTRUKTIONER:
a) I en kanna, kombinera tepåsar, vatten och mynta.
b) Täck över och ställ in i ett soligt fönster i ca 5 timmar.
c) bli av med tepåsar. Häll te över is i höga glas.
d) Garnera med citron och servera med socker.

99.Kamomill iste

INGREDIENSER:
- ½ kopp Kamomill örtte _
- Isbitar
- 2 matskedar Vit druvjuice
- 2 matskedar äppeljuice
- Vindruvor och äppelskivor till garnering

INSTRUKTIONER:
a) Blanda te och juice.
b) Häll upp i ett isfyllt glas och garnera med vindruvor och äpplen.

100.Mynta och lavendel te

INGREDIENSER:
- 1/2 kopp myntablad
- 2 matskedar agave nektar
- 2 msk torkad lavendel

INSTRUKTIONER:
a) Kombinera alla ingredienser.
b) Häll i 4 koppar kokande vatten.
c) Servera kyld.

SLUTSATS

När vi når de sista sidorna av "DEN BÄSTA APERITIF BOKEN EFTER SKIDÅKNING", hoppas vi att du har upptäckt en nyvunnen uppskattning för afterski-konsten. Utöver recepten är den här samlingen en hyllning till vinterstämningen – en påminnelse om att glädjen att åka skidor sträcker sig långt bortom backarna och in i hjärtat av våra sammankomster, där skratt, värme och härliga drinkar möts.

Må dessa 100 mysiga drycker lägga till en touch av magi till din vintersäsong och skapa omhuldade stunder med vänner och nära och kära . Oavsett om du klirrar i muggar på en myllrande lodge eller njuter av en lugn kväll hemma, är recepten på dessa sidor ett bevis på glädjen som finns i vinterns enkla nöjen.

Så, här är till den sprakande brasan, de blinkande ljusen och de delade berättelserna som gör afterski till en omhuldad tradition. När du smuttar på dessa självsvärmande drinkar, må de vara det perfekta ackompanjemanget till dina vinteräventyr och skapa minnen som kommer att dröja sig kvar långt efter att snön har smält och skidorna förvaras. Skål för en säsong fylld av värme, kamratskap och de härliga smakerna från "DEN BÄSTA APERITIF BOKEN EFTER SKIDÅKNING"!

www.ingramcontent.com/pod-product-compliance
Lightning Source LLC
Chambersburg PA
CBHW071907110526
44591CB00011B/1580